styles d'aujourd'hui

stress

remerciements

J'aimerais remercier Catie Ziller, Anne Wilson, Matt Handbury et Jackie Frank pour m'avoir permis d'élaborer cette série et m'avoir continuellement soutenue. Merci à tous ceux de Murdoch Books et de Merehurst Publishing ayant participé à cet ouvrage pour leur travail assidu. Un grand merci, également, au photographe Chris Craymer pour sa créativité, son perpétuel enthousiasme et sa capacité à saisir l'esprit et l'énergie de cet ouvrage en photo. Merci aussi à Martyn Gayle et Attracta Courtney pour leur fantastique travail de coiffure et de maquillage. Je suis également reconnaissante à Susie pour tout ce qu'elle a fait ainsi que pour son sens de l'organisation.

J'aimerais surtout remercier les personnes qui me sont proches et qui m'ont supportée jusqu'au bout : Danny, Susie, Stewart et Lottie pour m'avoir soutenue dans les moments difficiles, ma maman Brenda pour son inspiration, mon papa Brian pour son enthousiasme, et ma grand-mère pour ses judicieux conseils. Merci aussi à Nicola, Sam et Michael qui m'ont aidée à garder le sourire. Je n'aurais jamais pu y arriver sans vous tous.

Merci à Tuckers pour le prêt des bottes, à Sam Girdwood, à tous les mannequins figurant dans l'ouvrage, Emi, Nancy Brady et l'équipe de NBPR, ainsi qu'à Lavish Locations. Merci pour les vêtements et accessoires prêtés pour les photographies : maillots de bain Liza Bruce (p. 68, 74, 77), tél. (44) 20 7235 8423 ; sous-vêtements Muji (p. 16, 25, 42, 48, 51, 56, 63, 66), tél. (44) 20 7221 9360 ; bonnet de douche Cath Kidson (p. 64), tél. (44) 20 7221 4000 ; Sean Arnold Sporting Antiques, tél. (44) 20 7221 2267, coiffures Trendco, tél. (44) 20 7221 2646 ; pashmina Space Boudoir (p. 78), www.boudoir@spaceshop.co.uk.

Cet ouvrage contient des informations sur divers remèdes naturels et huiles essentielles. L'auteur et l'éditeur déclinent toute responsabilité quant à d'éventuels effets secondaires consécutifs aux instructions et aux recommandations figurant dans cet ouvrage.

styles d'aujourd'hui

stress

jane campsie
photographies de chris craymer

KÖNEMANN

sommaire

anxiété

stress

tension

sous pression

confusion

agitation

frustration

le surmenage

Le stress est souvent décrit comme la maladie de la société moderne : nous ne pouvons ni vivre avec ni vivre sans. Surmenés, nous avons tendance à vivre à cent à l'heure et à nous épuiser, tandis que l'absence ou l'insuffisance de stress nous apporte ennui et manque de stimulation. Comment, alors, trouver le bon équilibre ? Le problème n'est pas le degré de stress, mais notre façon d'y faire face. Nous réagissons chacun à notre façon aux différents niveaux et types de stress. Sous pression, le corps sécrète des hormones – adrénaline et cortisone – qui augmentent la pression sanguine et créent cette sensation familière de palpitations. En même temps, le flux sanguin du système digestif diminue et l'apport de sang jusqu'aux muscles augmente. Cela entraîne généralement des sensations de nausée et d'estomac noué. L'adrénaline déclenche également la libération de glucose et d'acides gras essentiels dans le sang, afin de ravitailler les muscles et d'aiguiser nos réflexes. Tandis que la pression sanguine s'accroît, la respiration se fait plus courte. Une fois la situation de stress passée, le corps revient à la normale. Toutefois, à long terme, le stress peut avoir raison de l'organisme et l'empêcher de retrouver son équilibre.

trouver l'équilibre

tactiques de survie

La réaction de l'organisme au stress est celle de «lutter ou fuir». Dans la plupart des situations actuelles, cette réponse instinctive à une menace ou un défi n'est pas considérée comme socialement acceptable. Nous devons trouver d'autres moyens de gérer les situations stressantes.

les dégâts du stress

Le seuil de tolérance au stress varie selon chaque individu. Quand le stress est très important, le mental, le physique, les émotions et le comportement s'en trouvent affectés. Les symptômes les plus courants sont les maux de tête et de dos, les tics nerveux, le rongement des ongles et des troubles du sommeil. À plus long terme, le stress se manifeste par de l'hypertension, des troubles digestifs, du diabète, de l'insomnie, de la fatigue et des ulcères à l'estomac. D'un point de vue émotionnel, le stress peut provoquer des sautes d'humeur, l'état dépressif, l'irritabilité et le manque de concentration.

les effets positifs

Le stress faisant partie intégrante de la vie moderne, il est indispensable de l'aborder de façon positive et de l'utiliser à notre avantage. Le stress, à condition qu'il reste modéré, peut avoir un effet bénéfique sur notre façon de nous sentir et de nous comporter. Un stress modéré peut être l'occasion de montrer le meilleur de nos capacités. Quand nous sommes surmenés, notre taux d'énergie est souvent plus élevé, ce qui nous permet de fonctionner de manière optimale. Le stress peut aussi nous servir de motivation. En outre, une fois que nous avons accompli une tâche difficile, la satisfaction que nous en tirons est un très bon stimulant pour l'estime de soi. La récompense finale – la relaxation – est d'autant plus appréciable une fois que la situation est passée. Le secret est de savoir quel degré de stress est acceptable, sans que celui-ci ne devienne néfaste à l'organisme.

les facteurs de stress

stress physique

Une pression inutile sur le corps peut entraîner des courbatures, des douleurs, voire des maladies telles que l'arthrite et le diabète. La meilleure façon de surmonter le stress physique est de pratiquer un sport régulièrement, d'être attentif aux positions de son corps, de s'asseoir correctement devant un bureau ou un ordinateur, de faire des mouvements d'étirement, et d'apprendre à juger de ce que le corps peut endurer.

stress émotionnel

Le stress affecte aussi l'esprit. On devient alors irritable, susceptible, coléreux, méprisant ou renfermé. À terme, le stress peut entraîner des problèmes d'anxiété et de dépression, et affecter les rapports humains. Luttez contre le stress émotionnel en parlant de vos problèmes, en gardant le sens des proportions, et en travaillant vos relations avec les autres. Le stress causé par le deuil ou la séparation requiert soutien, amour et compréhension.

stress environnemental

Ce type de stress est déclenché par des facteurs environnementaux. Les plus courants sont la pollution, le bruit, la foule et le désordre. Commencez par aborder les stress les plus faciles à gérer. Par exemple, si les embouteillages vous stressent, envisagez d'autres moyens de transport. Le stress professionnel, provoqué par les délais et la surcharge de travail, peut être évoqué avec des collègues et résolu.

épuisement

Quand le stress est accumulé sur une longue période, l'épuisement s'installe sous forme de fatigue et de manque de motivation. L'épuisement survient souvent quand nous voulons en faire trop, ou quand nous perdons le sens des priorités. La meilleure solution est de faire une pause, de partir en vacances (quelques jours suffisent) et d'apprendre quelques techniques de gestion du stress.

faits et chiffres

Les adultes rient en moyenne 15 fois par jour, alors que les enfants le font environ 400 fois.

89 % des adultes affirment qu'ils sont soumis à un stress intense.

Les facteurs de stress les plus importants, dans l'ordre décroissant de gravité, sont : la mort du conjoint, l'échec conjugal, une peine de prison, la mort d'un proche, la maladie, le mariage, la perte d'un emploi et le déménagement.

En moyenne, le stress cause chaque jour l'absence d'un million de salariés.

Les crises cardiaques se produisent davantage à 9 h le lundi matin qu'à tout autre moment de la semaine.

75 à 90 % des visites d'adultes chez le médecin sont motivées par des problèmes de stress.

Une personne sur quatre souffre de manque de sommeil en raison du stress. Des études ont révélé que les femmes étaient plus touchées par les troubles du sommeil que les hommes. Les personnes éprouvées par le chagrin ou le stress émotionnel ont besoin de plus de sommeil que les autres.

70 à 80 % des maladies sont liées au stress. Les symptômes les plus courants sont l'insomnie, les céphalées, les rhumes, les migraines et les troubles cardio-vasculaires.

contrôler

organiser

surmonter

faire face au stress

équilibrer

accomplir

s'adapter

Comment gérez-vous le stress?

Pour bien vivre avec le stress, il faut contrôler votre manière de réagir et déterminer le degré de stress que vous pouvez endurer sans problème. Le premier pas consiste à en identifier les causes. Est-il dû à votre travail, votre vie personnelle? Vous fixez-vous des objectifs irréalisables, travaillez-vous trop ou relevez-vous trop de défis? Souffrez-vous d'un manque de temps chronique? Une fois que vous aurez identifié le problème, essayez de le résoudre de manière positive.

Sur une courte période, le stress, grâce à l'adrénaline et à d'autres hormones, permet d'optimiser vos performances. Sur une longue période, à cause de ces mêmes hormones, il finira au contraire par les diminuer. Comme il n'est pas possible d'échapper au stress de la vie moderne, veillez à ce que votre santé soit la meilleure possible afin de résister au surmenage. D'un point de vue émotionnel, essayez de ne pas exagérer les facteurs de stress : les choses ne sont pas toujours aussi terribles qu'elles ont en l'air. Il est en outre essentiel de contrôler la façon dont votre organisme réagit au stress, puis d'essayer d'améliorer les choses. Introduisez progressivement des exercices respiratoires simples, des techniques de relaxation, des séances de sport et de méditation dans votre quotidien.

utilisez le stress

symptômes

Si vous n'arrivez plus à faire face, si vous craquez facilement et dormez mal, si votre libido diminue, si vous avez du mal à vous concentrer, mangez quand vous n'avez pas faim, êtes souvent au bord des larmes, avez des problèmes de communication et perdu votre sens de l'humour, vous souffrez probablement de stress.

inquiétudes non fondées

Nous nous inquiétons souvent pour des choses qui ne se produiront pas ou contre lesquelles nous ne pouvons rien. Les principales causes de l'anxiété non fondée incluent le besoin d'amour et d'admiration, la peur de décevoir les autres, l'incapacité de contrôler l'avenir et la certitude que les mauvaises expériences passées se répéteront dans le futur.

rééquilibrage

Il existe des moyens simples pour améliorer sa tolérance au stress. Si vous connaissez votre niveau de stress optimal – c'est-à-dire le degré auquel vous fonctionnez le mieux –, vous pouvez parfaitement utiliser le stress à votre avantage.

Pour identifier votre niveau de stress optimal, tenez un journal sur plusieurs semaines, en notant vos hauts et vos bas et vos réactions aux différentes pressions subies. Utilisez les jours où vous vous êtes sentie heureuse et en pleine possession de vos moyens (même en cas de stress) comme points de repères pour juger des niveaux de stress qui vous conviennent. Identifiez le temps dont vous avez besoin pour vous-même, combien d'heures de sommeil il vous faut, examinez votre alimentation et vos activités sportives, et organisez-vous en conséquence.

contrôlez la situation

gestion du temps

Il est important d'employer son temps de manière productive. Une gestion du temps efficace aide à réduire le stress professionnel, rend plus productif et permet d'avoir une vie personnelle à part entière. Elle est également bénéfique si vous jonglez avec vie de famille, carrière, tâches domestiques, vie sociale et vie personnelle. Concentrez-vous sur les résultats, pas sur l'activité. Commencez par analyser la façon dont vous utilisez actuellement votre temps, donnez des priorités et voyez ce que vous pouvez déléguer. Prévoyez à l'avance et fixez-vous des délais réalistes et des objectifs réalisables. Évitez les distractions et faites des pauses régulières : vous travaillerez beaucoup mieux après avoir soufflé un peu.

lignes de conduite

Forcez-vous à adopter une attitude sereine. Au lieu de critiquer les autres, essayez d'être positive. Examinez vos qualités et celles des autres. Apprenez à être plus tolérante et à pardonner ; le ressentiment mène à des situations difficiles et provoque l'anxiété. De même, évitez toute compétition non nécessaire, surtout si vous êtes mauvaise perdante. Trop de situations compétitives peuvent engendrer la tension et l'agressivité. Si vous êtes une angoissée, parlez de vos problèmes. N'oubliez pas qu'un problème partagé est un problème à demi résolu. Enfin, prenez le temps de vous amuser et de faire ce qui vous plaît. Réservez des vacances afin d'avoir une motivation. Et, surtout, essayez d'être gaie et de vivre au jour le jour.

prenez les choses en main

Apprenez à vous adapter aux changements et à mieux supporter le stress.

Gérez votre temps avec sagesse. Sachez reconnaître les priorités en gardant toujours le sens des proportions.

Soyez au fait. La plupart du temps, on s'inquiète de problèmes sans en connaître les tenants et aboutissants. Une fois que vous aurez cerné le problème, vous verrez qu'il n'a rien d'inquiétant.

Ne vous fixez pas d'objectifs inaccessibles ni de délais irréalisables.

Chaque jour, prenez du temps pour vous détendre. Paressez dans un bain chaud, faites une promenade, lisez un livre ou écoutez de la musique. Même si votre emploi du temps est surchargé, aménagez-vous du temps libre.

Faites de votre mieux, mais ne culpabilisez pas si ce que vous réalisez n'est pas parfait.

Sachez dire non. Vous ne pouvez pas tout faire : allégez votre emploi du temps quand vous sentez que la pression monte.

Partagez vos soucis avec un ami. Le fait de parler aux autres vous donnera l'assurance de ne pas être seule. L'avis de tiers peut vous aider à voir les choses différemment.

Ne ressassez pas le passé. Vivez au présent et ne vous inquiétez pas du futur. Vivez au jour le jour.

Décidez de vous débarrasser de vos soucis. Trop souvent, nous perdons du temps et de l'énergie à nous inquiéter pour des choses que nous ne pouvons pas maîtriser. Canalisez cette énergie de manière plus constructive.

paix

calme

tranquillité

vivre avec le stress

équilibre

maîtrise

sérénité

organisez votre vie

Il est vrai que, dans le meilleur des mondes, le stress n'existerait pas. Mais le manque de temps, associé aux pressions émotionnelles et à la difficulté de jongler avec une carrière, une famille et une vie sociale, ne nous permet pas d'échapper au stress de la vie moderne. Toutefois, nous pouvons organiser notre vie de manière à gérer les pressions et à maintenir équilibre et harmonie, même dans les moments difficiles. Ce n'est pas si dur. Pour commencer, élaborez un programme afin d'organiser au mieux vos tâches domestiques. Si vous êtes angoissée de nature, faites des listes. Les spécialistes ont démontré que le simple fait de dresser une liste de problèmes ou de choses à réaliser, en particulier juste avant d'aller au lit, aidait à apaiser les tensions. Une autre façon de s'organiser consiste à limiter le nombre de tâches à accomplir. N'en faites pas plus qu'il n'y a d'heures dans la journée : cela ne ferait que diminuer votre temps de relaxation et entamer votre temps de sommeil. Enfin, voici quelques mesures radicales à prendre pour réduire le stress : veillez à ce que votre environnement personnel soit propice à la relaxation, essayez de dormir suffisamment, de manger sagement et de faire de l'exercice quotidiennement.

environnement serein

un peu d'ordre

Le manque d'organisation engendre le stress, et le désordre n'est pas propice à la sérénité. Tout désordre inutile ne fera que vous empêtrer davantage dans le sentiment que votre vie vous échappe. Gardez votre environnement personnel et professionnel bien en ordre, rangez au fur et à mesure et sachez vous organiser.

de l'air frais

La climatisation, le tabac, l'excès d'humidité ou de sécheresse et la pollution atmosphérique affectent la qualité de l'air. Améliorez votre environnement et réduisez le stress en veillant à ce que les pièces soient bien aérées. Si possible, ouvrez les fenêtres. Entourez-vous de plantes qui dégagent de l'oxygène et absorbent le gaz carbonique et les polluants. Plus vous aurez d'oxygène, plus vous serez calme. Investissez dans un humidificateur, et placez un ioniseur près des appareillages électriques pour éliminer les ions positifs.

de la lumière

Pour illuminer une pièce, préférez autant que possible la lumière du jour (directe ou filtrée). Un mauvais éclairage, ou des lampes trop vives, peuvent provoquer des troubles oculaires, des céphalées et de la fatigue. À défaut de la lumière du jour, optez pour des ampoules imitant la lumière naturelle.

des couleurs

Choisissez les couleurs de votre maison ou bureau en fonction de l'atmosphère désirée. Le bleu, relaxant, fait baisser le rythme cardiaque et ralentit la respiration. Le rose, apaisant, détend les muscles, réduit l'anxiété et favorise le repos. Le rouge, en revanche, est stimulant : il augmente le rythme cardiaque et encourage l'activité cérébrale. L'orange stimule l'appétit et atténue la fatigue, et le jaune favorise la mémoire, fait accélérer le pouls et rend plus gai. Réparateur, le vert soulage la dépression et apaise l'esprit et le corps.

environnement serein

nuisances sonores

Le bruit est générateur de stress intense. Qu'il s'agisse de sonneries de téléphone, de conversations, de bruits de machine, de musique, de cris d'enfant ou simplement du fond sonore, les décibels peuvent nuire à notre concentration. Cela affecte nos performances, nous rend nerveux, nous agace. Contre les nuisances sonores, faites installer un double vitrage, retirez-vous dans les pièces les plus calmes et, au pire, mettez des boules Quiès pour dormir.

espace vital

Il est essentiel d'avoir un espace à soi, au travail et à la maison. Réservez un coin ou une pièce à la relaxation, et retirez-vous y en période de stress. Dans cet espace, oubliez travail, tâches ménagères et téléphone ; servez-vous-en simplement pour vous détendre et décompresser. Cet espace devra être confortable l'hiver et bien aéré l'été.

vibrations bénéfiques

Certains sons relaxants calment instantanément le corps et l'esprit en incitant le cerveau à libérer l'hormone corticotrope (ACTH), qui exerce un effet apaisant sur le corps. Les hommes et les animaux réagissent à la musique ; les fœtus l'entendent à quatre mois et demi, et les chiens et les chevaux de course se détendent au son de certaines mélodies. Pour vous décontracter efficacement, écoutez le bruit de la mer, de la forêt tropicale ou de la musique classique.

conseil ergonomique

La tension musculaire peut être causée par une chaise inconfortable. Si vous passez de longues heures assise à un bureau, assurez-vous d'avoir un siège approprié, soutenant bien le dos. Si vous travaillez plusieurs heures d'affilée devant un ordinateur, veillez à ce que le clavier et l'écran soient bien orientés. Faites des pauses régulières.

le sommeil

habitudes nocturnes

Les spécialistes recommandent 8 à 9 heures de sommeil par nuit. Beaucoup de personnes se contentent d'un temps plus réduit, mais ne savent vraisemblablement pas qu'un sommeil insuffisant peut nuire à la concentration, limiter la patience, rendre moins alerte et provoquer une baisse d'énergie. Le manque de sommeil affecte aussi le sens de l'humour.

troubles du sommeil

Une personne sur quatre souffre de troubles du sommeil liés au stress. Ces troubles sont divisés en trois catégories : l'insomnie occasionnelle, qui dure 3 à 4 jours, l'insomnie modérée, qui dure 7 à 14 jours, et l'insomnie chronique, qui dure au minimum 3 semaines. Que vous ayez du mal à vous endormir ou à rester endormi, les somnifères ne sont pas l'unique solution. Si la relaxation et les autres techniques échouent, essayez les tisanes telles que la passiflore et la racine de valériane.

délices culinaires

Si vous dormez mal, évitez l'alcool et la caféine au moins 2 heures avant de vous coucher. Une tasse de lait chaud vous aidera à trouver le sommeil. Le lait, en effet, contient l'acide aminé tryptophane, un précurseur de la sérotonine, qui calme le cerveau. En outre, le lait est riche en calcium, réputé détendre les muscles. Les autres aliments qui favorisent le sommeil sont les bananes, les figues, les dattes, le yaourt, le thon, les biscuits complets et les oléagineux. Évitez sucre, fromage, chocolat, pommes de terre, porc, épinards et tomates avant le coucher.

aération

Veillez à ce que votre chambre soit fraîche et bien aérée. Une pièce surchauffée ou étouffante favorise les réveils difficiles. Préférez l'obscurité complète pour dormir. Renoncez aux draps synthétiques, et placez des orchidées ou des plants d'aloe vera – qui produisent plus d'oxygène la nuit – dans votre chambre.

sport et exercice

exercice régulier

Les bienfaits du sport sont innombrables : il permet de brûler les calories, de prévenir les maladies cardio-vasculaires, de ralentir le vieillissement et de nous maintenir en forme. Cinq à trente minutes d'exercice par jour suffisent à détendre les muscles et à clarifier l'esprit. La marche rapide améliore la concentration, le vélo aide à chasser les idées noires. Si vous menez une vie stressante mais sédentaire, prenez le temps de faire de l'exercice physique.

quel sport choisir ?

Choisissez une activité qui améliore votre bien-être physique et mental. Saut à la corde, jogging, natation et marche sont des mouvements physiques répétitifs qui nous changent les idées. Le yoga, qui améliore la souplesse et calme l'esprit, est recommandé aux personnes stressées, tout comme le taï chi, une forme de méditation en mouvement.

en avant marche !

La marche réduit le stress et améliore le fonctionnement du cerveau. Des études ont révélé que les personnes qui marchent tous les jours ont les jambes plus solides que les autres, mais aussi un plus grand nombre de cellules cérébrales. Essayez de faire une marche rapide chaque jour, même de 10 ou 15 minutes. Incorporez davantage de marche à pied dans votre vie. Par exemple, préférez la marche à la voiture ou aux transports en commun, et prenez les escaliers au lieu de l'ascenseur.

sport intensif

Bannissez les sports épuisants. Si vous êtes stressée et faites de l'aérobic, cela ne vous calmera certainement pas l'esprit. Les spécialistes du stress conseillent d'éviter les activités physiques intenses, et d'opter pour des séances de sport en douceur qui vous laisseront détendue et maîtresse de vous-même.

conseils nutritionnels

manger sainement

Quand nous sommes surmenés, l'organisme épuise nos réserves de substances nutritives plus vite que d'habitude, ce qui nous fait osciller entre l'hyperactivité et la léthargie. Adoptez une alimentation riche en glucides complexes – fruits et légumes, oléagineux, céréales complètes – pour instiller à l'organisme une source constante d'énergie. Cela calme l'esprit, redonne du tonus et combat les sautes d'humeur. Ne négligez pas le petit-déjeuner : mangez assez de tartines ou de müesli pour avoir de l'énergie tout au long de la journée. Pour le déjeuner, optez pour de la salade ou des légumes accompagnés de pâtes, de riz ou de pain complet. Au dîner, consommez du poisson ou de la viande ainsi que des légumes. Les graines et oléagineux combleront les petits creux. Évitez les glucides raffinés, notamment les aliments à base de farine blanche ainsi que les aliments sucrés, qui donnent un coup de fouet mais de courte durée.

les bons aliments

Un repas léger toutes les 3 heures aide à maintenir le niveau d'énergie et de vitamines. Soumis au stress, l'organisme puise dans ses réserves de vitamines B pour assurer le bon fonctionnement du système nerveux, et de vitamine C et de zinc pour combattre l'infection. Légumes et fruits frais, agrumes notamment, sont sources de vitamine C. Le zinc est présent dans la viande rouge, les jaunes d'œuf, les produits laitiers, les céréales complètes et les fruits de mer, les vitamines B dans la plupart de ces aliments, dans les graines, oléagineux, abats et fruits secs.

travail préparatoire

Achetez des produits frais « bio ». Préservez la valeur nutritionnelle des aliments : ne salez pas l'eau de cuisson des légumes ; déchiquetez les herbes au lieu de les hacher (cela détruit la vitamine C) ; cuisez toujours à la vapeur, à l'eau ou au gril ; faites tremper le riz, les légumes secs et les céréales complètes toute la nuit.

tout simplement

Buvez de l'eau – au moins 8 verres par jour – pour vous aider à tenir dans les moments de pression. Un corps bien hydraté fonctionne plus efficacement.

Pour vous détendre, placez quelques billes dans une bassine et remplissez-la à moitié d'eau chaude. Mettez les pieds dedans et faites rouler les billes sous la plante des pieds. Ce massage, conjugué à l'eau chaude, soulage maux et douleurs et procure une relaxation immédiate.

Le bâillement est excellent pour lutter contre le stress et favoriser la relaxation. Quand vous baillez, le corps reçoit une bouffée d'oxygène qui redonne de l'énergie tout en détendant : ne réprimez pas vos envies de bailler !

Si vous avez l'esprit hyperactif au moment de vous coucher, essayez ce traitement hydrothérapique. Trempez une paire de chaussettes en coton dans l'eau froide, essorez-la et enfilez-la. Enfilez une deuxième paire de chaussettes en coton sèche par-dessus. La température froide chassera le sang de la tête et aidera à calmer votre esprit.

Évitez de manger tard le soir si vous souffrez d'insomnie liée au stress. Même si l'on a envie de dormir après un repas riche, le métabolisme et l'activité digestive ralentissent pendant le sommeil, ce qui peut le perturber.

Essayez de vous coucher et de vous lever tous les jours à la même heure.

se décontracter

se détendre

se recharger

décompresser

revigorer

régénérer

revitaliser

apprenez à vous détendre

Si vous menez une vie stressante, apprenez à «déconnecter»
à la fin d'une journée fatigante, à l'aide de thérapies ou de
pratiques que vous pouvez incorporer facilement à votre mode
de vie. Ne prenez jamais le manque de temps comme prétexte
pour ne pas faire de méditation, de yoga ou d'exercices
d'étirement : trouvez-le. L'une des manières les plus efficaces
de gérer le stress est de pratiquer cette ancestrale méthode qui
est la méditation. Elle permet de se concentrer tout en calmant
le corps et l'esprit, d'oublier ses soucis et d'éliminer les toxines.
Il existe un grand nombre de techniques de méditation, dont
certaines exigent d'être enseignées par un spécialiste.
Toutefois, vous pouvez parfaitement incorporer cette technique
toute simple dans votre vie quotidienne : retirez-vous dans un

endroit calme, où vous ne serez pas dérangé. Asseyez-vous confortablement, bien droite, sur une chaise, les pieds posés à plat sur le sol. Mettez les mains sur les genoux, paumes vers le haut. Fermez les yeux et respirez lentement : inspirez par le nez, en comptant jusqu'à 10, puis expirez par la bouche en comptant jusqu'à 6. Répétez plusieurs fois cet exercice jusqu'à ce que vous soyez détendue. Puis canalisez vos pensées sur un objet de votre choix – une fleur imaginaire, par exemple. Tandis que vous vous relaxez, continuez à vous représenter cet objet. Si votre esprit s'égare, reconcentrez-vous. Essayez de tenir ainsi 10 minutes. Restez assise quelques minutes avant de vous lever. Pratiquez cette technique deux fois par jour, ou dès que vous vous sentez stressée.

techniques de relaxation

yoga

Le yoga, ou « union », harmonise l'esprit et le corps par l'exercice, la respiration et la méditation. En état de relaxation, l'oxygène est plus abondant dans le sang et l'organisme équilibré. Le yoga, qu'il soit passif (hatha-yoga), ou plus dynamique (*ashtanga vinyasa* yoga ou yoga-pouvoir), a la capacité d'harmoniser le corps et d'accroître la souplesse. Par différents mouvements d'étirement et de torsion, vous respirez plus profondément, dynamisez votre corps, libérez les nerfs coincés et étirez vos muscles. Les différentes postures de yoga s'appellent les *asanas*. Pour bien les maîtriser, mieux vaut participer à un cours. Votre instructeur pourra vous recommander divers mouvements et techniques à pratiquer chez vous. Une fois que vous aurez perfectionné les mouvements, faites du yoga tous les jours pour vous clarifier l'esprit et chasser les tensions du corps.

étirement

Les postures de « stretching » constituent une forme de massage corporel interne. Conjuguées à des exercices respiratoires, elles revitalisent le corps. Commencez par cette technique toute simple : tenez-vous droite, les pieds légèrement écartés, et tendez les bras droit devant vous. Penchez-vous doucement en avant (sans forcer) pour toucher vos orteils. Redressez-vous et étirez-vous. Répétez ce mouvement 10 à 15 fois. Secouez vos bras et vos jambes, et roulez doucement la tête de gauche à droite. Inscrivez-vous dans un club et suivez des cours de stretching. Avec de l'entraînement, vous pourrez en faire chez vous. Ne pratiquez pas d'étirement sans échauffement : pour vous échauffer, courez un peu sur place, ou bien prenez une douche chaude. Ne forcez pas : vous ne devez ressentir aucune douleur en vous étirant.

techniques de relaxation

taï-chi-chuan

Surnommé « méditation en mouvement », le taï chi est un art martial chinois ancien qui combine la méditation et l'exercice pour promouvoir le bien-être total. Il a été prouvé que la pratique régulière du taï chi détend les muscles et le système nerveux, ce qui favorise les fonctions glandulaires, stimule le métabolisme et renforce le système immunitaire. Cela améliore également la posture, la souplesse et la circulation. Le taï chi implique une série de mouvements lents et fluides : 24 pour la version abrégée, qui se font en 5 à 10 minutes, et 108 pour la version longue, qui s'exécutent en 40 à 60 minutes. Ces mouvements aident à équilibrer le flux de *qi* (énergie) dans le corps. En Chine, le taï chi se pratique traditionnellement à l'extérieur, notamment dans les bois, pour absorber l'énergie émise par les arbres. Pour trouver un instructeur qualifié, consultez une association de médecines douces.

relaxation musculaire

La relaxation musculaire progressive est utilisée pour libérer la tension musculaire et détendre le corps. Elle travaille sur la tension d'un groupe de muscles, qu'il faut contracter quelques secondes, puis relâcher et détendre totalement. Pratiquez-la à votre bureau, dans le train ou dans votre bain. Pour une relaxation complète, commencez par les muscles des pieds, puis progressez vers le haut, en contractant différents groupes musculaires. Quand vous les relâchez, imaginez que vous vous délestez de tous vos soucis et tensions. Si vous êtes surmenée, serrez les poings aussi fort que possible pendant quelques secondes, relâchez-les et détendez complètement les muscles.
Cela chasse instantanément colère et anxiété. Pour décupler les bienfaits de la technique, concentrez-vous sur votre respiration. Inspirez profondément par le nez pendant que vous tendez les muscles, et expirez par la bouche en les relâchant.

techniques de relaxation

exercices respiratoires

En respirant, nous n'expirons généralement qu'un dixième de l'air contenu dans nos poumons. En période de stress, nous sommes souvent tendus, notamment au niveau de la mâchoire, de la poitrine et du diaphragme. Notre respiration est courte et rapide. Cela signifie que la quantité d'oxygène dans le sang est réduite, ce qui nuit à la relaxation.

Pour accroître votre capacité respiratoire, faites chaque jour cet exercice tout simple. Asseyez-vous sur une chaise, le menton parallèle au sol. Inspirez lentement par le nez, en remplissant complètement votre poitrine et votre abdomen. Expirez par la bouche pour libérer tout l'oxygène de vos poumons. Inspirez de nouveau par le nez, en soulevant les muscles du torse pour remplir votre corps d'air, puis expirez lentement par la bouche. Répétez plusieurs fois jusqu'à ce que vous vous sentiez détendue et en forme.

pensée positive

Normalement, les pensées négatives – comme la crainte de ce que les autres pensent de nous – nous effleurent sans trop nous affecter. Mais en période de stress, nos inquiétudes sont exacerbées. Il est donc conseillé de prendre conscience de nos pensées. Écrivez-les et analysez-les de manière rationnelle. Souvent, nos inquiétudes ne sont pas fondées, ou peuvent être dissipées facilement. En les identifiant assez tôt, nous devrions pouvoir les apaiser. Pour vous aider à surmonter les sentiments négatifs générés par l'insécurité, concevez votre propre mantra (littéralement, une phrase ou un mot décrivant ce que vous voulez être et faire). En cas de stress, répétez ce mantra mentalement. Cela peut être une phrase comme « Je peux y arriver » ou « Je contrôle parfaitement ma vie ». Ce mantra vous servira à surmonter les difficultés et à rester maîtresse de vous.

techniques de relaxation

aromathérapie

L'utilisation d'huiles essentielles pures extraites de plantes peut aider à diminuer le stress physique et émotionnel. Un arôme ne met que 2 secondes à pénétrer le nez et à atteindre la région du cerveau qui gère la mémoire et les émotions. Certaines molécules odorantes doivent pénétrer la peau pour agir, tandis que d'autres stimulent les terminaisons nerveuses quand elles sont inhalées. À l'exception de l'essence de lavande et d'arbre à thé, les huiles essentielles pures ne doivent pas être appliquées directement sur la peau. Mélangez-les à une huile de base (jojoba ou amande douce).

Comptez neuf gouttes d'huile essentielle pour 30 ml d'huile de base. Pour soulager le stress, préparez-vous un mélange de lavande, de rose et de camomille. Pour retrouver le moral, essayez l'ylang-ylang et le néroli.

conseils aromathérapiques

Conservez vos huiles essentielles dans des flacons hermétiques en verre opaque. Secouez avant usage. Pour vous faire un massage, chauffez l'huile dans vos mains au préalable. Les mélanges d'huiles peuvent être ajoutés directement dans le bain. Ne vous faites jamais un massage aromathérapique juste avant de prendre un bain : cela en annulerait tous les bienfaits. Une fois les essences absorbées par le corps via la peau, elles agissent pendant 4 à 6 heures, à condition de ne pas boire d'alcool ou de caféine pendant ce temps. Si vous êtes enceinte, souffrez d'hypertension, d'épilepsie ou de tout autre problème de santé, renoncez aux huiles essentielles ou consultez un aromathérapeute qualifié. N'achetez que des essences de marque : le prix est souvent un bon indicateur de qualité.

massage décontractant

bienfaits

Le massage est médicalement réputé pour réduire les taux d'hormones de stress et libérer les hormones de « bien-être » du corps (ou endorphines). Faites-vous faire un massage professionnel, ou initiez-vous aux techniques d'auto-massage. Utilisez des huiles essentielles pour en accroître les bénéfices.

travail corporel

Pour soulager le stress des pieds à la tête, faites-vous un massage complet. Commencez par la plante des pieds, puis travaillez les chevilles et les jambes. Massez-vous le ventre, la poitrine et la gorge, puis les bras et le visage (*voir* page 66 les conseils de massage facial). Pour dénouer les épaules et le cou, passez les mains sur la zone affectée à l'aide de mouvements de va-et-vient, puis pétrissez-la du bout des doigts. Terminez en roulant doucement la tête de gauche à droite.

massage de tête

Pour soulager les maux de tête et les tensions du cuir chevelu, faites-vous un massage revigorant. Commencez par vous passer les doigts dans les cheveux, du front à la nuque. Répétez ce mouvement plusieurs fois pour vous détendre. Ensuite, du bout des doigts, pratiquez de petits mouvements circulaires sur le cuir chevelu, en travaillant du front vers la nuque. Concentrez-vous sur les parties près des oreilles et à la base du cou, car c'est là que la tension a tendance à s'accumuler. Enfin, posez les mains de chaque côté de la tête, les doigts couvrant les oreilles et la paume de la main sur les tempes, puis exercez une faible pression pendant quelques secondes. Relâchez doucement la pression et glissez les mains jusqu'en haut de la tête. Répétez ce mouvement plusieurs fois.

relaxation express

Parfumez votre chambre avec un arôme relaxant. Brûlez de l'encens de bois de santal ou diffusez des huiles essentielles de lavande, de camomille et d'ylang-ylang.

Prenez un bain chaud agrémenté de 5 gouttes d'essence de lavande. La lavande est réputée soulager les douleurs et les maux, et apaiser le système nerveux.

Embrassez votre partenaire. Un baiser passionné avec un être aimé déclenche la libération d'endorphines, les hormones du bien-être.

Chassez toutes vos tensions et frustrations en criant. Plus vous crierez fort, mieux vous vous sentirez.

Fermez les yeux et massez-vous les tempes avec la pulpe des doigts, en pratiquant de petits mouvements circulaires.

Passez du temps avec votre animal domestique. Le fait de s'occuper d'un animal et d'apprécier sa compagnie est l'un des meilleurs antidotes au stress.

Écoutez de la musique qui évoque des souvenirs chers, liés à une époque, un lieu, une personne ou un événement.

Investissez dans un mini trampoline et passez 10 minutes par jour dessus. Il stimule la circulation, favorise l'activité cardio-vasculaire, soulage les tensions et constitue un bon divertissement.

se détendre

se décontracter

se chouchouter

se dorloter

profiter

s'occuper de soi

se faire plaisir

le stress et le look

Le vieillissement prématuré, la chute des cheveux, le teint terne, les boutons et les problèmes de peau tels que l'eczéma peuvent tous procéder du stress. Sous pression, l'activité des radicaux libres s'accélère dans l'organisme. Il s'agit de molécules malignes dérivant essentiellement de l'oxydation (le même processus qui provoque la rouille des voitures). Une certaine quantité de radicaux libres est indispensable pour tuer les bactéries et les microbes, mais les problèmes surviennent quand l'organisme en produit trop et que le processus n'est plus contrôlable. Chaque cellule saine peut recevoir chaque jour 10 000 « coups » nocifs de la part des radicaux libres. Endommagées à l'excès, les cellules peuvent alors entraîner le vieillissement prématuré et la perte des cheveux. Des études ont montré que les radicaux libres contribuaient pour au moins 50 % aux maladies les plus courantes. Le fait d'échapper au stress de la vie ralentit l'attaque des cellules, ce qui donne un air plus jeune et une impression de bonne santé. Offrez-vous donc un massage facial ou corporel… Savourez les bienfaits d'un bain aromathérapique… Ou initiez-vous à la culture zen et passez du temps seule, à méditer. Le vide qui en découle aide à apaiser l'esprit et à chasser le stress de sa vie.

les soins capillaires

problèmes de cheveux

La chute des cheveux chez les femmes a beaucoup augmenté durant les vingt dernières années. Dans la plupart des cas, la perte est seulement temporaire et résulte d'un stress particulier ou des suites d'un accouchement, alors que les taux d'hormones et d'éléments nutritifs chutent considérablement. L'alopécie est due à un manque d'oxygène. Les cellules qui forment le follicule pileux cessent de se diviser et finissent par mourir. Cela détruit le follicule intérieurement et empêche la repousse. Les shampooings alcalins, les produits de coiffage à base de silicone et les rinçages insuffisants peuvent laisser des résidus sur le cuir chevelu, ce qui accélère son asphyxie. Les cires et les gels, quant à eux, peuvent adhérer au cuir chevelu, boucher les follicules et provoquer des kystes sébacés et des irritations d'origines bactériennes. Optez pour des produits capillaires neutres et sains.

entretien du cuir chevelu

Massez votre cuir chevelu pour favoriser une pousse saine des cheveux et soulager la tension. Utilisez de l'huile d'olive chaude, et massez-vous du bout des doigts en travaillant par petits mouvements circulaires et en exerçant une légère pression. Commencez au-dessus du front et continuez vers le crâne et la nuque. Laissez agir l'huile, de préférence toute la nuit (protégez votre oreiller avec une serviette), pour traiter le dessèchement ou les squames dues au stress.

Pour éliminer l'huile, appliquez votre shampooing sur cheveux secs, puis lavez comme à l'ordinaire. Brossez-vous régulièrement les cheveux pour entretenir le cuir chevelu. Si votre brosse comporte des picots cassés, jetez-la car elle pourrait endommager votre cuir chevelu. Si votre cuir chevelu tiraille quand vous êtes tendue, penchez la tête en avant et massez-vous délicatement avec les doigts.

de la tête aux pieds

problèmes cutanés

Le stress émotionnel serait à l'origine de problèmes de peau – psoriasis, eczéma, acné et acné rosacée. En cas de stress, les globules blancs se fixent sur les parois des vaisseaux sanguins. Cela provoque rougeurs, sensibilité et irritations, et peut créer des problèmes de peau. Essayez d'éliminer les causes de stress pour que votre peau embellisse.

bain de pieds

Les spécialistes affirment qu'il est plus important de se laver les pieds que le visage, car les pieds excrètent de nombreuses toxines. Versez 2 gouttes d'essence de lavande dans une bassine d'eau chaude, plongez-y les pieds et fléchissez-les en contractant et relâchant les muscles. Au bout de 10 mn, essuyez-les et massez-les avec une crème hydratante.

trempette

Pour un bain relaxant, ajoutez 2 gouttes d'huile essentielle de rose, de camomille, de bois de cèdre et de santal, ou ajoutez 5 gouttes d'essence de lavande. Après le bain, si vous prévoyez de vous coucher, séchez-vous et massez-vous la plante des pieds avec de l'huile de noix de coco qui vous apportera un sentiment de paix et d'harmonie.

vieillissement prématuré

Le stress peut accélérer le processus de vieillissement. Pour conserver un teint radieux, évitez le soleil (ou utilisez un produit solaire haute protection), adoptez une alimentation saine et équilibrée, buvez beaucoup d'eau, dormez suffisamment et prenez soin de votre peau.

les traitements faciaux

peau stressée

Quand nous sommes malheureux ou stressés, notre peau s'en ressent immédiatement. Souvent, sous l'effet du stress, les glandes sébacées compensent par une suractivité, et la peau devient grasse et sujette aux boutons. Traitez la partie affectée avec de l'essence d'arbre à thé.

teint éclatant

Le stress affecte souvent l'état de la peau : si vous vous trouvez le teint terne, essayez ce nettoyage en profondeur. Remplissez une bassine d'eau frémissante, placez une serviette sur votre tête et tenez-vous à 10 cm environ de la surface de l'eau. Restez 5 minutes ainsi, puis appliquez un masque désincrustant. Les masques à l'argile purifient la peau, car ils contiennent des agents actifs qui absorbent les impuretés. Veillez à maintenir le niveau d'hydratation de votre peau après traitement. Évitez les nettoyages en profondeur si vous avez la peau sensible.

massage facial

Pour ce massage facial revitalisant, utilisez une crème hydratante ou un mélange aromathérapique : pour les peaux normales à sèches, mélangez 10 ml d'huile de jojoba ou d'amande douce à 3 gouttes d'essence de rose, et pour les peaux normales à grasses, ajoutez 3 gouttes d'essence de géranium. Avec les mains, massez-vous le visage en partant du milieu du front et en suivant la naissance des cheveux. Exercez une légère pression sur les tempes. Répétez 3 fois, puis tapotez-vous légèrement le contour des yeux. Exercez une légère pression de quelques secondes sur le point situé entre les deux yeux. Faites glisser les mains sur les joues en appuyant sur les pommettes. Passez les doigts autour du nez et sous les pommettes. Massez les deux côtés du nez et exercez une légère pression autour de la base. Pressez le point central de la lèvre supérieure, puis faites le tour de la bouche. Enfin, massez-vous le menton et le cou.

belle et sereine

Retirez-vous dans votre salle de bains ou dans votre chambre et passez la soirée à vous chouchouter. Faites-vous un massage facial, une manucure et une pédicure : vous vous sentirez détendue et serez resplendissante.

Anxieuse ? Allongez-vous et placez deux sachets de camomille froids sur les yeux. Cela vous détendra et fera du bien à la peau délicate du contour de l'œil.

Si vous avez du mal à dormir, mettez une goutte d'essence de lavande sur votre oreiller. Cela devrait vous aider à vous détendre.

Faites-vous un masque facial. Cela hydrate la peau, mais vous donne aussi du temps pour décompresser.

Quand vous vous mettez de la crème pour les mains, profitez-en pour vous faire un massage express : serrez-vous les mains et faites pivoter un poignet après l'autre, puis continuez à faire pénétrer la crème dans la peau.

Aspergez-vous d'eau dès que vous vous sentez perdre pied. L'eau froide sur le visage stimule la circulation et revigore.

Mangez du chocolat : il contient de la théobromine et de la phényléthylamine, des antidépresseurs qui déclencheraient la libération de substances neurochimiques liées à la bonne humeur. N'oubliez pas toutefois que le chocolat modifie le taux de sucre dans le sang ; consommez-le avec modération.

satisfaction

acceptation

calme

solutions anti-stress

paix

harmonie

équilibre

solutions anti-stress

histoire d'en rire

Le rire, qui déclenche la libération d'endorphines, chasse l'anxiété, la dépression et la douleur. Il aide aussi à combattre l'infection en augmentant le taux d'immunoglobine A dans le sang, ce qui stimule l'activité des globules blancs. Quand nous sourions, tous les principaux muscles faciaux se détendent. Cela engendre une réaction émotionnelle de bien-être.

non au tabac

Bien qu'à court terme la nicotine ait un effet relaxant, elle accroît le rythme cardiaque et stresse l'organisme. Si vous fumez, essayez de prendre votre pouls avant et après une cigarette, et notez la différence. Pour soulager les symptômes de manque dans le cas d'un arrêt, prenez un supplément de vitamine B. Si, après avoir arrêté, vous êtes encore en manque, faites de l'acupression en pressant doucement le bout du pouce pendant 60 secondes.

environnement de travail

Votre travail vous angoisse ? Avant de commencer la journée, diffusez de l'essence de géranium, réputée pour ses vertus apaisantes. Si vous avez du mal à vous concentrer, inhalez du romarin, et si vous vous sentez fatiguée en milieu d'après-midi, diffusez de l'huile essentielle de menthe poivrée.

maternité

L'allaitement est un excellent antidote au stress. Les mères qui allaitent ont souvent des taux d'ocytocine – une hormone qui apaise les régions du cerveau liées aux émotions et au stress – plus élevés après avoir nourri leur enfant. Leur tension est aussi plus faible après un événement stressant.

mastiquez !

Une bouche sèche est souvent signe de stress. Essayez de mâcher du chewing-gum : cela stimule les glandes salivaires et humidifie la bouche. Mais n'en abusez pas, car le chewing-gum est mauvais pour les dents.

solutions anti-stress

phytothérapie

Le millepertuis aide à retrouver le moral, à traiter la dépression et à soulager les troubles affectifs passagers. Son ingrédient principal, l'hypéricine, stimulerait l'action des neurotransmetteurs apaisants du cerveau. Le kava, un extrait de poivrier de Polynésie, chasse le stress en bloquant la production des neurotransmetteurs producteurs d'anxiété. Ne prenez du millepertuis et du kava que sous surveillance médicale. Ces deux extraits peuvent avoir des effets secondaires nocifs, et un dosage correct est essentiel.

nutrition

Si vous menez une vie stressante, consommez davantage d'aliments riches en vitamine C. Les surrénales (qui produisent l'adrénaline) utilisent de la vitamine C quand l'organisme subit un stress physique. Mangez beaucoup de fruits et de légumes frais pour consolider vos réserves de vitamines.

haro sur le café

Si vous prenez environ quatre tasses de café assez fort par jour, ou six tasses de thé noir, vous êtes sûrement dépendante de la caféine. Des études on révélé que les personnes qui consomment quatre tasses de café par jour ont beaucoup plus d'épinéphrine – une hormone du stress – dans le corps que les autres (en moyenne, 30 % de plus). Elles ont également tendance à avoir une tension plus élevée. Contre ce stress, réduisez votre consommation de caféine et buvez davantage de jus de fruits frais, d'eau et d'infusions.

une… deux!

L'exercice soulage instantanément le stress. Il favorise la circulation sanguine ainsi que le transport de l'oxygène et des substances nutritives dans tout le corps. Les experts recommandent 30 minutes d'exercice modéré par jour, même fractionnées, pour rester en bonne santé.

solutions anti-stress

optimisme

Voyez les choses du bon côté.
Des études ont révélé qu'il existe des
liens très forts entre notre état d'esprit
et l'efficacité de notre système
immunitaire. Le bonheur renforce les
défenses immunitaires et nous rend
davantage aptes à gérer les situations
stressantes.

conseils culinaires

Quand vous êtes sous pression,
ne vous forcez pas à manger si vous
n'avez pas faim. Au lieu de faire un
repas complet, optez pour un jus de
fruit ou une soupe ; la digestion sera
d'autant plus facile. Une fois
destressée, faites un bon repas nutritif.

nœuds d'estomac

Si vous avez l'estomac noué en
période de stress, évitez le vin blanc,
le fromage, les tomates, le vinaigre et
les sucres raffinés. Pour dissiper les
effets de l'anxiété sur l'estomac, buvez
un verre de lait ou une tasse d'infusion
de camomille biologique avant
le repas.

vive les épices

Si vous êtes stressée et déprimée,
consommez des aliments chauds et
épicés. Le piment, par exemple,
transmet une douleur aux nerfs, qui
commandent alors au cerveau de
libérer des endorphines.

pauses ludiques

S'amuser est le meilleur moyen de
dissiper la tension. Les personnes
stressées sont moins aptes
à participer aux divertissements que
celles qui sont plus détendues.

travail du pied

La plante des pieds est dotée de
milliers de terminaisons nerveuses
correspondant aux principaux organes
du corps. Massez-vous les pieds et
pétrissez-en la plante avec vos
jointures. Si votre épaule gauche est
nouée, massez la plante du pied
gauche. Exercez une pression entre
chaque orteil et tenez-les chacun
fermement. Si vous souffrez de
tension aux épaules, massez sous le
petit orteil de chaque pied.

solutions anti-stress

essences apaisantes

Le fait d'inhaler certains arômes stimule la production de sérotonine. Appliquez quelques gouttes d'essence de lavande ou de camomille sur un mouchoir en coton, placez-le sur votre nez et inspirez profondément.

acupression

L'anxiété résulte souvent d'une mâchoire tendue. Pour soulager la tension, appuyez la langue contre le palais, derrière les dents. Pour dissiper un mal de tête, massez-vous l'extrémité des gros orteils, en exerçant une légère pression.

images

La visualisation est excellente contre le stress. Quand vous êtes à plat, fermez les yeux et représentez-vous votre endroit préféré. Imaginez les sons et les odeurs qui s'y rapportent, et échappez-vous par la pensée.

astuce parfumée

En cas de stress, trempez un gant de toilette dans un bol d'eau chaude additionnée de 3 gouttes d'huile essentielle de lavande. Essorez le gant, allongez-vous et appliquez le gant sur votre front. Inspirez profondément et détendez-vous.

bienfaits de l'eau

Si vous êtes angoissée, buvez un verre d'eau chaude. L'eau chaude, de fait, a un effet beaucoup plus apaisant que l'eau froide. Pour soulager la tension, essayez de flotter dans une piscine ou dans votre baignoire.

massage des pieds

Contre le stress, déchaussez-vous et marchez sur du sable ou de l'herbe humide. Cela masse les pieds et aide à lever les tensions physiques et psychiques. En outre, cela renforce les orteils, ce qui est excellent pour les pieds.

Index

Titre original : *marie claire style – de-stress*

© 2001 pour l'édition française :
Könemann Verlagsgesellschaft mbH
Bonner Str. 126
D-50968 Cologne

Traduction de l'anglais : Delphine Nègre
Réalisation : Cosima de Boissoudy, Paris
Relecture : Élizabeth Mascarel
Coordination éditoriale : Sophie Gresse

Impression et reliure :
Star Standard Industries Ltd.
Imprimé à Singapour

ISBN 3-8290-7247-3

10 9 8 7 6 5 4 3 2 1